모두가 반대하고 외면해도
나는 찬성!

작가의 말

"나는 찬성!"

'반대'보다 '찬성'이 쉬울 때가 많습니다. "어떤 의견이든 다 좋아!"라고 말하는 사람을 싫어할 친구들은 없을 테니까요. 그런데 모두가 반대를 하는 일에 찬성하는 건 어떨까요? 이것도 쉬운 일일까요?

모두가 외면하는 일에 목소리를 높이고, 지지한다고 말하는 것은 쉽지 않습니다. 모두가 외면하는 문제나 소외된 사람들의 목소리에 귀를 기울이고 함께 문제를 해결하기 위해서는 큰 노력이 필요하지요.

그렇다고 사람들이 관심을 가지지 않는 문제나 소외된 사람들의 아픔을 그냥 외면해도 되는 걸까요? 그렇지 않습니다. 세상이 더욱 살기 좋게 변해 온 것은 사람들이 관심을 두지 않는 문제를 해결하려고 목소리를 높이고, 소외된 사람들을 위해 지지해 주고, 찬성해 준 사람들의 수많은 노력이 있었기 때문입니다.

다른 사람들이 외면해도 찬성해야 하는 일은 무엇일까? 그리고 문제를

해결하기 위해 함께 힘을 모으는 방법에는 어떤 것이 있을까? 내 생각을 잘 전달하면서 찬성하려면 어떻게 해야 할까? 이 책은 이런 물음에서 시작되었습니다.

저는 여러분이 이 책을 읽으면서 사람들이 외면하거나 관심 가지지 않는 일 중에서도 우리가 함께 찬성하고 지지해 주어야 하는 일들이 많다는 것을 알기 원합니다. 또한 올바른 찬성과 잘못된 찬성은 무엇인지 생각하고, 판단할 수 있는 힘을 키워 나가길 원합니다. 그래서 여러분이 올바른 세상을 만드는 힘이 되길 희망합니다.

주변 사람들이 외면하는 문제라도 여러분이 중요하다고 생각한다면 당당히 외쳐 보세요.

"나는 찬성합니다!"

이기규

목차

작가의 말 · 4

1 찬성을 외칠 용기

제대로 찬성하기
세상에는 어려운 찬성도 있어 · · · · · · · · · · · · · · · · · 12
왜 용기 있는 찬성이 필요할까? · · · · · · · · · · · · · · · · 13
용기 있는 찬성의 다른 이름, 올바른 세상을 위한 연대 · · · · · 15

세상을 바꾼 찬성
아이스 버킷 챌린지 · 18

학교에서 찬성하기
소외된 친구 지지하기 ① · · · · · · · · · · · · · · · · · · · 21

2 모두가 외면하는 일에 꼭 찬성해야 해?

제대로 찬성하기
가만히 있으면 해결되지 않는다 · · · · · · · · · · · · · · · · 26
한 사람, 한 사람의 힘이 모여 세상을 바꾼다 · · · · · · · · · · 30

세상을 바꾼 찬성
비행기 이륙을 막은 승객들 · · · · · · · · · · · · · · · · · · 33

학교에서 찬성하기
소외된 친구 지지하기 ② · · · · · · · · · · · · · · · · · · · 37

3 올바른 찬성은 어떤 걸까?

제대로 찬성하기
올바른 찬성의 기준 하나 • **사회 정의** · · · · · · · · · · · · 43
올바른 찬성의 기준 둘 • **모두가 누려야 할 인권** · · · · · · · 44
올바른 찬성의 기준 셋 • **함께 사는 지구** · · · · · · · · · · 46

세상을 바꾼 찬성
닫힌 감옥 문을 연 편지 · 49

학교에서 찬성하기
권리를 위한 규칙 만들기 · · · · · · · · · · · · · · · · · · · 53

4. 어떻게 하면 잘 찬성할 수 있지?

제대로 찬성하기
- 잘 살펴보고 찬성해요 ········· 58
- 찬성하는 이유를 쉽게 설명해 보세요 ········· 60
- 나와 함께할 사람들을 모아요 ········· 62
- 평화로운 찬성 방법들을 생각해 봐요 ········· 64

세상을 바꾼 찬성
- 나무 심기 운동을 시작한 소년 ········· 66

학교에서 찬성하기
- 찬성하는 모임 만들기 ········· 69

5. 찬성에도 방법이 있어?

제대로 찬성하기
- SNS에 홍보 글 올리기 ········· 74
- 후원과 모금 운동 참여하기 ········· 76
- 챌린지 활동에 참여하기 ········· 78

세상을 바꾼 찬성
- 치마를 입은 열다섯 명의 남학생 ········· 80

학교에서 찬성하기
- 학교에서 할 수 있는 캠페인 시작하기 ········· 83

6. 올바른 찬성을 위한 첫걸음

제대로 찬성하기
- 서명 운동으로 찬성하기 ········· 88
- 영상으로 찬성하기 ········· 90
- 법안 만들기로 찬성하기 ········· 92

세상을 바꾼 찬성
- 우리는 혼자가 아니야 **블랙 닷 캠페인** ········· 94

학교에서 찬성하기
- 찬성 계획서 만들기 ········· 99

1
찬성을 외칠 용기

👌 세상에는 어려운 찬성도 있어

여러분이 수현이라면 쉽게 찬성한다고 말할 수 있었을까요? "그럼요! 저는 옳다고 생각하는 일은 무조건 찬성할 수 있어요!"라고 자신 있게 말하는 친구도 있겠지만, 수현이처럼 선뜻 찬성한다고 말하지 못하는 친구도 있을 거예요.

보통 누군가의 의견에 찬성하는 건 반대하는 것보다 쉽습니다. 하지만 모든 사람이 반대하는 상황이라면 어떨까요? 여러분은 쉽게 찬성할 수 있나요?

'괜히 윤영이의 의견에 찬성한다고 말했다가 친구들이 윤영이처럼 나

를 싫어하면 어쩌지?'

수현이는 이런 생각 때문에 윤영이의 의견에 찬성하기 어려웠습니다. 윤영이의 의견에 찬성한다고 말하는 순간 다른 친구들의 공격을 받을 것만 같았기 때문입니다.

"그럼 용기가 필요한 찬성은 하지 말고, 쉬운 찬성만 하면 되잖아요."

이렇게 말하는 친구들도 있을 거예요. 하지만 용기 있는 찬성은 꼭 필요해요. 지금부터 용기 있는 찬성이 왜 필요한지 얘기해 줄게요.

왜 용기 있는 찬성이 필요할까?

친구들은 윤영이의 의견을 들으려 하지 않았습니다. 윤영이는 왕따니까 윤영이의 의견은 무시해도 된다고 생각했지요. 만약 여러분이 윤영이와 같은 처지라면 어떨까요?

세상에 무시당해도 되는 사람은 아무도 없습니다. 하지만 사람들은 종종 이 사실을 잊곤 합니다.

어떤 사람들은 피부색으로 사람을 구분하여 차별하기도 하고, 남자라고 또는 여자라고 무시하기도 합니다. 가지고 있는 돈이나 힘에 따라 사람을 다르게 대하는 경우도 있습니다. 이런 사람들이 많아지면 세상은 더욱 불공평해집니다. 바로 이럴 때 용기 있는 찬성이 꼭 필요합니다.

만약 수현이가 용기를 내서 윤영이의 의견에 찬성했다면 어땠을까요?

다른 아이들이 윤영이의 이야기에 귀를 기울였을지도 모릅니다. 만약 윤영이를 지지하고 함께하겠다는 친구들이 한 명, 두 명 늘어난다면 어떨까요? 다른 친구들도 더 이상 윤영이를 함부로 무시하지 못할 거예요.

이렇게 용기 있는 찬성이 많아지면 더 많은 사람이 자신의 목소리를 낼 수 있고, 그 목소리에 힘을 보탤 수 있습니다.

용기 있는 찬성의 다른 이름, 올바른 세상을 위한 연대

 2020년 5월 25일 미국의 미네소타주에서 아프리카계 미국인 조지 플로이드는 경찰의 검문을 받게 되었습니다. 백인 경찰은 흑인인 플로이드를 강하게 제압했습니다. 플로이드는 경찰에게 몇 차례나 숨을 쉴 수 없다고 얘기했지만, 경찰은 플로이드의 이야기를 듣지 않았습니다. 결국 플로이드는 안타깝게 목숨을 잃고 말았습니다.

 그를 죽음에 이르게 한 경찰을 조사해 보니, 과거에도 폭력을 쓴 경우가 많았고, 흑인을 체포할 때 더 폭력을 많이 사용했다는 점이 밝혀졌습니다.

 이 사건에 대해 사람들은 어떤 모습을 보였을까요? 흑인들만 분노했을까요? 그렇지 않습니다. 전 세계의 수많은 사람이 이 사건에 분노했습니다. 미국 전역의 경찰관들과 유명한 배우와 가수들도 플로이드의 죽음

을 애도했고, 문제를 제대로 해결하라고 목소리를 높였습니다. 미국의 방송사 CBS는 플로이드가 제압을 당해 죽음에 이른 시간인 8분 46초를 기억하며, 8분 46초 동안 검은 화면을 내보내 플로이드를 애도했고, 문제 해결을 주장하는 사람들을 지지했습니다.

플로이드의 죽음에 아무도 관심을 갖지 않았다면, 억울한 죽음은 알려지지 않았을 것이고, 비슷한 일이 반복되었을 것입니다.

이렇게 누군가의 의견에 뜻을 같이하고, 행동을 같이하며, 함께 목소리를 내는 것을 '연대'라고 합니다. 찬성에는 어떤 생각이나 의견에 동의하는 것뿐만 아니라 어떤 문제를 해결하기 위해 함께 힘을 모으는 것도 포함됩니다.

올바른 목소리에 귀를 기울이고, 모두가 사람답게 살아가는 세상을 위해 힘을 모으는 '연대'는 '용기 있는 찬성'의 다른 이름입니다.

아이스 버킷 챌린지

  차가운 얼음물을 망설임 없이 뒤집어쓰는 사람의 영상을 본 적 있나요? 이 영상 속 사람은 루게릭병 환자들을 돕는 '아이스 버킷 챌린지'를 하고 있는 거예요. 루게릭병은 운동 신경 세포가 파괴되어 전신 근육이 점점 마비되는 병입니다. 아직 치료법이 없어서 많은 사람이 이 병으로 고통받고 있지요.

  보스턴대학의 야구 선수였던 피터 프레이츠는 2012년 루게릭병 진단을 받게 되었습니다. 그의 친구들은 프레이츠의 고통을 함께 느끼기 위해 얼음물을 뒤집어썼고, 그 영상을 찍어 인터넷에 올렸습니다. 영상은

곧바로 화제가 되었습니다. 마침 2013년에 루게릭병을 진단받았던 패트릭 퀸도 그 영상을 보게 됩니다. 루게릭병 환자들을 돕기 위한 캠페인을 준비하고 있었던 패트릭은 영상을 보고, 아이스 버킷 챌린지를 시작했습니다.

　아이스 버킷 챌린지는 얼음물을 뒤집어쓰는 동영상을 올리고, 세 사람을 지목하는 방식의 매우 간단한 챌린지입니다. 이렇게 지목된 세 사람은 하루 안에 똑같이 얼음물을 뒤집어쓰는 동영상을 올리거나 100달러를 루게릭병 협회에 기부해야 합니다. 루게릭병에 걸린 환자들을 돕기 위한 아이스 버킷 챌린지는 순식간에 전 세계로 퍼져 나갔습니다.

　유명 정치인, 기업인, 연예인 등 수많은 사람이 아이스 버킷 챌린지에 참여했고, 이렇게 이어진 아이스 버킷 챌린지의 모금액은 2020년에 2억 2천 달러를 넘겼습니다.

　루게릭병으로 힘들어하는 친구의 고통을 함께 나누고자 했던 친구들과 루게릭병 때문에 고통받고 있는 중에도 다른 환자들을 위해 모금 캠페인을 계획했던 사람들이 있었기에 아이스 버킷 챌린지는 성공할 수 있었습니다.

　아이스 버킷 챌린지의 시작이었던 피터 프레이츠와, 루게릭병 환자를 돕는 캠페인을 생각해 낸 패트릭 퀸은 2019년과 2020년 각각 병이 악화되어 세상을 떠났습니다. 하지만 루게릭병 환자들과 함께하기 위해 시작된 아이스 버킷 챌린지는 지금도 계속되고 있습니다.

학교에서 찬성하기

소외된 친구 지지하기 ①

우리 학교에도 소외되거나 괴롭힘을 당하는 친구가 있나요? 이런 친구들에게 힘이 되고 싶어도 방법을 모르는 친구들이 많습니다. 이렇게 소외된 친구들을 지지하기 위해선 어떻게 해야 할까요?

1. 먼저 다가가 인사하기

소외된 친구에게 먼저 다가가 반갑게 인사해 보세요. 처음엔 친구가 어색해할지 모르지만, 시간이 지날수록 그 친구도 여러분을 보며 반갑게 인사할 거예요.

2. 올바른 목소리에 동의하기

소외된 친구가 자신의 의견을 말할 때, 잘 듣고 있다가 긍정의 표시로 고개를 끄덕여 보세요. 그럼 그 친구도 좀 더 용기를 가지고 자신의 이야기를 할 수 있을 거예요. 그렇다고 모든 말에 고개를 끄덕일 필요는 없어요. 친구의 올바른 목소리에 동의해 주는 것이 중요해요.

3. 부정적인 분위기에 동참하지 않기

소외된 친구를 비난하거나 무시하는 일이 생길 때 분위기에 휩쓸려 여러분도 함께 친구를 무시하기 쉽습니다. 이렇게 부정적인 분위기가 생기면 친구를 무시하는 걸 당연하게 생각하기도 합니다. 이런 상황을 만들지 않기 위해서는 부정적인 분위기에 동참하지 않는 게 중요해요.

 가만히 있으면 해결되지 않는다

그들이 나를 잡으러 왔을 때

나치가 공산주의자들을 잡아갔을 때
나는 침묵했다.
나는 공산주의자가 아니었기 때문이다.

그다음에 그들이 노동조합원들을 잡아갔을 때

나는 아무 말도 하지 않았다.
나는 노동조합원이 아니었기 때문이다.

그다음에 그들이 유대인들을 잡아갔을 때
나는 아무 말도 하지 않았다.
나는 유대인이 아니었기 때문이다.

그들이 나를 잡으러 왔을 때,
나를 위해 말해 줄 이는
아무도 남아 있지 않았다.

독일의 루터교 목사였던 마르틴 니묄러의 시입니다. 독일의 나치는 제2차 세계 대전을 일으켰고, 수많은 사람을 전쟁터로 내몰았습니다. 니묄러 목사님은 그런 나치에 저항했던 평화주의자입니다.

목사님은 처음 나치가 등장했을 때 나치와 히틀러를 지지했다고 합니다. 그런데 나치가 게르만족이 가장 뛰어난 민족이라 주장하며 수많은 유대인을 죽이자, 나치의 폭력을 더 이상 외면해서는 안 된다는 것을 깨닫게 됩니다. 이후 니묄러 목사님은 히틀러와 나치에 대해 격렬하게 저항하였습니다.

니묄러 목사님이 지은 이 시는 잘못된 세상을 외면하지 말아야 하는

이유에 대해 알려 줍니다. 시의 화자는 나치가 공산주의자, 노동조합원, 유대인을 잡아갈 때 외면했고, 결국 나치가 자신을 잡아갈 때 주변에 아무도 남지 않았다는 것을 깨닫게 됩니다.

  왕따 문제를 외면하면 안 되는 이유도 여기에 있습니다. 수현이네 반 왕따 문제를 반 친구들이 외면하였기 때문에 수현이네 반은 누구라도 왕따가 될 수 있는 반이 되었습니다. 만약 나중에 윤영이 대신 수현이가

왕따가 된다면 어떨까요? 그때도 반 친구들은 누구도 수현이 편에 서서 수현이의 목소리에 귀 기울이지 않을 것입니다.

모두가 힘없고 소외된 사람들의 올바른 목소리를 외면하더라도, 우리는 그들의 편이 되어야 합니다.

힘없고 소외된 누군가가 바로 내가 될 수도 있습니다.

한 사람 한 사람의 힘이 모여 세상을 바꾼다

"나 혼자 윤영이 편을 든다고 해서 해결될 문제가 아니야."

"모두 반대하고 외면하는데, 나 혼자 찬성한다고 세상이 달라져요?"

이 말은 반은 맞고 반은 틀렸습니다. 세상을 바꾸는 일은 한 사람의 힘으로 할 수 없습니다. 하지만 한 사람, 한 사람이 힘을 모으면 어떨까요?

한 소녀가 있었습니다. 2001년 감기로 병원을 찾았던 소녀는 병원의 잘못된 진단과 수술로 폐를 다치게 되고, 혼자서는 단 1초도 숨을 쉬지 못하게 되었습니다. 소녀의 폐가 너무 약해져서 기계로 된 인공 호흡 장치를 사용할 수도 없었습니다.

결국 소녀가 살기 위해서는 1초에 한 번씩 앰브라고 하는 산소 공급 장치를 손으로 직접 눌러 줘야 했습니다. 절망적인 상황에서 의사들은 소녀가 3개월밖에 살지 못할 거라고 말했습니다.

소녀의 안타까운 소식이 전해지자 하루에 15명씩 일주일에 100여 명의 자원봉사자들이 병원을 찾아왔습니다. 그들은 졸음을 이겨 내며 앰브를 눌러 소녀의 생명을 지켜 냈고, 3개월밖에 살지 못할 거라던 소녀는 계속 소중한 삶을 이어 나갈 수 있었습니다.

소녀의 생명을 살린 건 한 사람의 힘이 아닙니다. 3년 동안 1만 6천여 명의 자원봉사자들의 정성과 응원이 소녀를 살렸습니다.

한 사람의 힘은 약합니다. 하지만 한 사람 한 사람이 힘을 모으면 그

힘은 생명을 살리고, 세상을 바꿀 수 있습니다.
  수현이네 반에도 윤영이의 편이 되어 주고 싶지만 용기를 내지 못하는 친구가 있을 수 있습니다. 이 친구들의 힘을 모으면 수현이네 반도 분명 바뀔 수 있지요.

많은 사람이 외면하고 반대하는 일에 나 혼자 찬성하면 문제가 해결되지 않을 수 있습니다. 하지만 그 문제에 관심을 놓지 않고, 함께 해결하려는 사람들을 하나둘 늘려 간다면 불가능해 보이는 일들도 해결할 수 있습니다.

세상을 바꾼 총성

✌️ 비행기 이륙을 막은 승객들

"승객 여러분들은 모두 안전벨트를 매 주시기 바랍니다."

2014년 4월 10일 스웨덴에서 스톡홀름을 거쳐 이란으로 가는 비행기에 안내 방송이 흘러나왔습니다.

"안전벨트를 매지 않으면 비행기가 출발하지 않습니다. 안전벨트를 매 주세요."

비행기 승무원들이 승객들을 직접 찾아다니며 부탁을 했습니다. 하지만 승객들은 여전히 꼼짝하지 않았습니다. 결국 비행기는 이륙하지 못하고 스웨덴 공항 활주로에 발이 묶였습니다. 승객들은 왜 안전벨트를

매지 않았던 걸까요? 그것은 바로 가데르 갈라메레라는 한 사람을 위해서였습니다.

   가데르 갈라메레는 이란 북서부에 살고 있는 소수 민족인 쿠르드족입니다. 쿠르드족은 오랫동안 이란 정부의 박해를 받아 왔습니다. 가데르도 생명의 위험을 느꼈고, 5년 전 가족과 함께 이란을 탈출하여 간신히 스웨덴으로 오게 되었습니다. 이제 안전하게 살아갈 수 있을 것이라고 생각했지만 문제가 생겼습니다. 스웨덴 정부가 가데르의 가족들에게는

스웨덴에서 살 수 있도록 허가를 해 주었으나, 정작 아버지인 가데르에 겐 허가를 내 주지 않았던 것입니다. 결국 가데르는 스웨덴에서 산 지 5년 만에 자신이 탈출한 이란으로 쫓겨날 처지에 놓였습니다.

절망에 가득 찬 가데르는 비행기 탑승구에서 승객들에게 자신의 절박한 사연을 이야기했습니다. 그러자 그의 이야기를 들은 승객들은 가데르가 강제로 추방당하지 않도록 힘을 모으게 됩니다. 안전벨트를 매지 않으면 비행기를 이륙해서는 안 된다는 법을 이용해 가데르를 이란으로 추방시키지 못하도록 막은 것이죠.

　비행기를 타고 있던 승객들에게 가데르는 오늘 처음 만난 낯선 외국인이었습니다. 하지만 가데르의 사정을 들은 승객들은 그가 쫓겨나게 내버려 둘 수 없었습니다.

　비행기를 탄 승객들 중에는 급한 약속이 있어 비행기를 탄 사람들도 있었습니다. 하지만 그들은 불편함을 무릅쓰고 가데르를 위해 힘을 모았습니다. 가족들과 강제로 헤어지게 된 가데르의 처지를 외면할 수 없다고 생각했던 것입니다. 결국 이 사건은 전 세계에 알려지게 되었고, 스웨덴 정부는 가데르의 추방을 유예했습니다.

　가데르의 호소에 귀를 기울이고 함께 문제를 해결하기 위해 손을 잡아준 이름 모를 승객들의 찬성과 지지가 세상을 바꾸는 힘이 된 것입니다.

학교에서 찬성하기

소외된 친구 지지하기 ②

만약 반에서 누군가 괴롭힘을 당하고 있다면 어떻게 해야 할까요? 괴롭힘을 당하는 친구들을 위해 다음의 방법들을 고민해 보세요.

1. 잘못된 행동을 그만두라고 단호하게 말하기

괴롭힘을 당하는 친구를 본다면 괴롭힘을 그만두라고 단호하게 말해야 해요. 여러분의 단호한 말이 나쁜 행동을 중단시키는 큰 힘이 될 수 있어요.

2. 함께 "그만!"을 외칠 친구들 모으기

한 사람의 말보다 두 사람, 세 사람의 말이 더 큰 힘이 됩니다. 누군가 친구를 괴롭힐 때, 함께 "그만둬!"라고 외칠 친구들이 있다면 훨씬 큰 힘이 될 거예요. 반에서 일어나는 괴롭힘을 큰 문제라고 생각하는 사람은 여러분 혼자가 아닐 수 있습니다. 주변을 살펴보고 함께 목소리 내 줄 친구들을 모아 보세요.

3. 주변 어른들에게 도움을 요청하기

친구를 괴롭히는 행동을 말릴 용기가 없거나 매우 심각한 괴롭힘이라면 어떻게 해야 할까요? 그럴 땐 담임 선생님이나 주변 어른들에게 바로 도움을 청해야 해요. 도움을 청할 때는 괴롭히는 상황을 구체적으로 설명해 주는 것이 문제를 해결하는 데 도움이 된답니다.

수현이는 친구들의 말에 항상 찬성하는 친구였습니다. 그래서 별명도 예스맨이지요. 그런데 수현이는 이번에 찬성하지 않았습니다. 윤영이가

빠질 수밖에 없는 날로 모임 날짜를 정하는 건 올바른 일이 아니라고 생각했기 때문입니다.

　수현이의 생각처럼 찬성에는 올바른 찬성과 그렇지 않은 찬성이 있을까요? 나의 찬성이 올바른 찬성인지 아닌지 판단하기 위해서는 어떻게 해야 할까요?

올바른 찬성의 기준 하나 사회 정의

　먼저 나의 찬성이 사회 정의에 맞는 일인지 생각해야 합니다. 사회 정의라고 하니 뭔가 거창해 보이지요? 그런데 사회 정의는 거창한 말이 아닙니다. 여러분 모두 사회 정의를 지키려고 노력하고 있어요.

　교통질서를 지키고, 어려운 사람을 도와주어야 하며, 거짓으로 남을

이용하면 안 되고, 기회는 공평해야 하며, 모든 사람을 위한 법과 제도 등이 있어야 한다고 믿는 것이 사회 정의입니다.

그럼 윤영이의 의견은 무시한 채, 모임 날짜를 정해 버리는 것은 사회 정의에 맞는 걸까요? 당연히 아닙니다. 모둠원의 한 사람인 윤영이에게 공평한 기회를 주지 않았기 때문입니다.

학급 약속을 정할 때도 마찬가지입니다. 만약 시험을 잘 본 친구 순서대로 점심을 먹어야 한다는 학급 약속이 생긴다면 어떨까요? 식사 순서를 정하는 데 시험 점수를 기준으로 삼는 것이 올바른 결정일까요? 학급 약속은 공부를 잘하는 사람들을 위한 약속이 아니라 반 친구들 모두를 위한 약속이어야 합니다.

여러분 중에 회의에서 싸우기 싫어서 무조건 찬성해 왔던 친구가 있나요? 그렇다면 이제부터는 내 찬성이 사회 정의에 맞는 찬성인지 잘 살펴보세요.

올바른 찬성의 기준 둘 모두가 누려야 할 인권

인권은 사람이라면 누구나 누려야 할 권리입니다. 건강하게 살아갈 권리, 차별당하지 않을 권리, 자신의 생각을 표현할 권리, 충분히 쉴 권리, 일하고 싶을 때 일할 권리, 교육을 받을 권리, 부모와 나라의 보호를 받을 권리 등이 있지요. 인권은 올바른 세상을 위한 최소한의 기준이라고

도 말합니다.

여러분이 누군가의 인권을 침해하는 일에 찬성한다면 그것은 올바른 찬성이라고 할 수 없습니다. 윤영이가 싫으니까 윤영이의 의견에 반대하자고 하는 친구들의 말에 찬성하면 안 되는 것도 마찬가지입니다. 윤영이의 목소리가 작다고 해서, 옷이 지저분하다고 해서 윤영이를 함부로 대할 권리는 누구에게도 없습니다.

그런데 세상에는 여전히 인권 침해가 일어납니다. 피부색이 다르다고 놀리거나, 장애인이 편하게 이용할 수 없는 버스와 지하철을 만들고, 여성이기 때문에 열심히 일해도 승진시켜 주지 않거나, 외국인이라는 이유로 제대로 된 월급을 주지 않는 일 등 인권 침해는 다양합니다. 그런데 이러한 인권 침해를 보고도 외면하는 사람들이 있습니다. 이렇게 인권 침해를 무시하고 외면하는 일은 결국 인권 침해를 찬성하는 것이나 다름없습니다.

모든 사람이 동등하게 권리를 누리고 인권을 보장받기 위해서는 내가 찬성하는 일이 혹시 인권을 침해하는 일은 아닌지 살펴야 합니다. 그리고 인권 침해를 당하고 있는 사람들을 외면하지 않고, 그들을 지지하고 힘이 돼 주어야 합니다.

올바른 찬성의 기준 셋 함께 사는 지구

지구는 점점 병들고 있습니다. 지구가 점점 더워지면서 지구촌 곳곳에 기상 이변으로 인한 피해도 늘어나고 있습니다.

지구를 병들게 만든 원인은 무엇일까요? 바로 인간의 이기심과 무관심 때문입니다. 사람들이 만들어 내는 온갖 오염 물질과 이산화탄소, 무분별한 개발이 지구를 점점 병들게 하고 수많은 생명을 멸종시키고 있습니다. 과학자들은 지금과 같은 환경 파괴가 계속된다면 2050년에는 지

구에 살고 있는 생물의 4분의 1이 멸종될 것이라고 경고합니다. 우리가 계속 지구 환경에 대해 외면한다면 지구는 인간뿐만 아니라 모든 생명이 살아갈 수 없는 죽음의 행성으로 변해 버릴 것입니다.

이제 지구 환경을 지키는 문제는 매우 중요한 일이 되었습니다. 그리고 지구 환경을 지키는 일은 올바른 찬성의 기준이 되고 있습니다.

여러분은 혹시 환경을 파괴하는 찬성을 하고 있진 않나요? 간편하다는 이유로 일회용품을 쓰면서 환경 파괴를 외면하고 있지는 않나요?

예를 들어 산에 케이블카를 건설하거나 스키장을 만드는 일은 사람들에게는 이익이 될 수 있지만, 산에 사는 생명들에겐 또 다른 위험이 됩니다. 이제 우리는 인간들의 편리함만 생각하는 선택이 아닌 지구에 사는 모든 생명과 환경을 생각하는 선택을 해야 합니다.

닫힌 감옥 문을 연 편지

  2010년 아프리카의 작은 나라인 감비아에서 페미 피터스라는 정치인이 감옥에 갇히게 됩니다. 감비아는 오랜 시간 독재 정부가 세워져 있었고, 페미 피터스는 이것에 반대하는 평화적인 시위를 했다는 이유로 감옥에 갇힌 것입니다.

  아프리카의 작은 나라 감비아에서 일어난 일에 사람들이 얼마나 관심을 가졌을까요? 아무도 신경 쓰지 않았을 거라고요? 아닙니다. 페미 피터스의 소식을 알게 된 누군가가 페미 피터스의 석방을 요구하는 수십만 통의 편지를 감비아 정부에 보냈습니다.

"페미 피터스를 석방해야 합니다!"
"감비아 정부는 평화적 시위를 보장해야 합니다!"

 대체 누가 편지를 보냈을까요? 바로 세계적인 인권 단체 '앰네스티 인터내셔널'이었습니다. 앰네스티 인터내셔널은 영국의 변호사였던 피터 베넨슨에 의해 만들어진 단체입니다. 1961년 포르투갈에서 두 대학생이 '자유를 위한 건배'를 외쳤다는 이유로 징역 7년형을 받았습니다. 당시

포르투갈은 자유롭게 자신의 생각을 말할 수 없는 무시무시한 독재 국가였습니다. 이 소식을 들은 피터 베넨슨은 영국 신문에 이 두 대학생이 석방되어야 한다는 글을 썼습니다. 이 글을 읽은 사람들이 감옥에 갇힌

두 젊은이를 석방시키기 위해 목소리를 높였고, 이를 계기로 피터 베넨슨은 인권 문제를 위해 활동하는 앰네스티 인터내셔널이라는 단체를 만들었습니다.

  앰네스티 인터내셔널의 대표적인 활동은 편지 쓰기입니다. 앰네스티 인터내셔널은 독재 국가에서 억울하게 감옥에 갇힌 사람들을 석방시키라는 편지를 보내는데, 이 활동은 60년이 넘도록 이어지고 있습니다.

  편지 한 통의 힘은 그리 크지 않습니다. 하지만 전 세계 앰네스티 회원들의 편지가 모이면 그것은 큰 힘이 됩니다. 앰네스티 인터내셔널은 매년 수십만 통의 편지를 보내고, 이 편지들은 감옥에 부당하게 갇힌 사람들을 석방하는 데 큰 힘이 되고 있습니다.

  앰네스티 인터내셔널 회원들이 보낸 수십만 통의 편지가 감비아 정부에 쏟아지자, 감비아 정부는 정치인 페미 피터스를 석방시킬 수밖에 없었습니다.

  굳게 잠긴 감옥 문을 열게 한 것은 편지를 쓴 한 사람 한 사람의 힘 덕분입니다. 감옥에 갇힌 사람들을 외면하지 않고, 함께 지지하는 전 세계 사람들의 노력이 세상을 바꾼 것입니다.

학교에서 찬성하기

권리를 위한 규칙 만들기

학교에서는 뛰지 말기, 잡담 금지 같이 반대를 위한 규칙들을 쉽게 찾을 수 있습니다. 그런데 찬성을 위한 규칙도 만들 수 있다는 것을 알고 있나요? 조금만 관심을 가지면 여러분의 권리를 보장하는 규칙을 만들 수도 있어요.

1. 학생들이 누릴 권리에 대해 이야기 나누기

모든 학생이 학교에서 행복하기 위해서는 어떤 권리들이 있어야 할까요? '차별받지 않아야 하고, 궁금한 것은 쉽게 물어볼 수 있어야 하고, 맛있고 깨끗한 점심을 먹을 수 있어야 한다.' 이런 권리처럼 행복한 학교 생활을 위해 꼭 누려야 할 권리에 대해 친구들과 이야기를 나누어 보세요. 다른 친구들은 어떻게 생각하는지 궁금하다면 간단한 설문 조사를 할 수도 있어요.

2. 권리를 보장하는 학교 규칙 만들기

이야기를 나누면서 나온 여러 가지 권리들을 정리해 학교 규칙을 만들어 보세요. 학교 규칙은 다음과 같은 형식으로 만들면 돼요.
○○학교 학생들은 행복한 학교 생활을 누리기 위해 아래 권리를 누릴 수 있다.
1) ○○학교 모든 학생은 차별받지 않을 권리가 있다.
2) ○○학교 모든 학생은 체벌과 가혹한 벌을 받지 않을 권리가 있다.

3. 학교 규칙을 바꾸는 회의 참여하기

학교 규칙을 바꾸거나 필요한 내용을 새로 만들 때는 반드시 학생, 교사, 학부모의 의견을 모아야 해요. 여러분이 만든 학생 권리를 학교 규칙에 새로 넣기 위해서는 회의 절차에 따라 회의를 하고 의견을 모아야 해요. 선생님의 도움을 받아 회의 내용을 만들고, 회의에 참여해 보세요.

4. 권리를 보장하는 학교 규칙 홍보하기

학교 규칙에 학생들의 권리가 새롭게 만들어졌다면 알리는 것도 중요하겠죠? 친구들이 누릴 수 있는 권리를 정리해서 나누어 주거나, 학교 홈페이지 등에 올려 홍보해 보세요.

👌 잘 살펴보고 찬성해요

   찬성과 반대를 선택하기 전에 먼저 나의 찬성 때문에 피해를 입는 사람은 없는지 생각해야 합니다. 수현이가 친구들의 의견에 찬성하지 않은 건 수현이의 찬성 때문에 윤영이가 피해를 입기 때문입니다. 이렇게 나의 찬성으로 누군가 피해를 입는 경우도 있습니다.

   사회에서 일어나는 일들도 마찬가지입니다. 예를 들어 산에 터널을 뚫어 도로를 만들면 교통이 편리해지기 때문에 당연히 찬성해야 될 것 같지만, 그 터널 공사 때문에 자연이 파괴된다면 어떨까요? 이렇게 한쪽 면만 보고 찬성해서는 안 됩니다.

만약 내가 찬성하거나 반대할 때 누군가 피해를 볼 수밖에 없는 상황이라면 나의 찬성이 사회 정의와 인권, 지구 환경 보호라는 세 가지 기준에 맞는 선택인지 살펴보고 선택해야 합니다.

두 번째, 찬성한 후 나의 책임에 대해서도 생각해야 합니다. 찬성한다는 말은 내가 그 일에 책임을 진다는 의미이기도 합니다. 예를 들어 학급 약속으로 고운 말 쓰기를 정했고 그 약속에 찬성했다면, 고운 말을 쓰기 위해 노력해야 합니다.

마찬가지로 모두 참석할 수 있는 날이 있는데도 윤영이가 올 수 없는 날에 모임 날짜를 정하는 데 찬성했다면, 윤영이를 따돌리는 일에 자신도 책임이 있다는 뜻입니다.

이처럼 찬성한다는 것은 단순히 찬성과 반대를 선택하는 것에서 나아가 내가 찬성한 일을 위해 함께 책임지고 노력한다는 것까지 포함합니다. 그래서 찬성을 하기 전에 먼저 내 찬성이 올바른지 그리고 나는 찬성에 대한 책임을 다할 수 있는지도 함께 생각해 보아야 합니다.

👌 찬성하는 이유를 쉽게 설명해 보세요

찬성을 선택했을 때, 반대하는 사람들을 설득해야 할 수도 있습니다. 휴일에 텔레비전으로 야구 경기를 보고 싶은 아빠와, 영화를 보고 싶은 동생이 있다고 생각해 봅시다. 내가 동생 의견에 찬성해서 영화를 보고 싶다면 아빠를 설득해야 합니다.

마찬가지로 수현이가 앞으로 윤영이를 도와주겠다고 생각했다면 왜 도와주어야 하는지 그 이유를 쉽게 설명할 수 있어야 합니다. 찬성하는 이유를 쉽게 설명할 수 있어야 다른 사람도 쉽게 설득할 수 있습니다.

수현이는 윤영이를 도와주어야 하는 이유에 대해 다음과 같이 생각해 보았습니다.

* 우리 반 친구들 누구든 **자기 생각을 말할 수 있어야 해.**
* 우리 반 친구들 누구든 **무시당하거나 왕따를 당하면 안 돼.**
* 우리 반 친구들 누구든 **어려움에 처한 친구는 도와야 해.**

찬성하는 이유를 쉽게 설명할 수 있으면 다른 사람을 설득하는 데 도움이 될 뿐만 아니라, 나의 생각을 정리하고 해결 방법을 찾는 데에도 도움이 됩니다. 특히 수현이처럼 주변 친구들이 모두 외면하는 상황에서는 큰 용기와 힘이 필요합니다. 그럴 때일수록 내가 왜 찬성해야 하는지에 대해 명확하게 말할 수 있어야 합니다.

👌 나와 함께할 사람들을 모아요

아무리 내 생각이 옳다고 해도 나 혼자 찬성한다면 사람들이 관심을 가지지 않을 수도 있습니다. 한 사람의 외침은 그것이 올바른 목소리라도 사람들의 주목을 받기 어렵기 때문입니다. 하지만 10명, 100명, 이렇게 찬성하는 사람들이 늘어난다면 처음에 외면하고 있던 사람들도 이 문제에 대해 관심을 가지기 시작할 것입니다.

수현이처럼 반에서 생긴 문제를 해결하기 위해서는 혼자보다 같은 뜻을 가진 친구들과 함께 힘을 모으는 게 더욱 좋습니다.

"모두가 윤영이를 따돌리고 있는데 우리 반에 함께할 친구들이 있을까요?"

이런 걱정이 들 수도 있습니다. 하지만 반 아이들 중엔 윤영이를 따돌리는 문제가 심각하다는 걸 아직 잘 모르는 친구들도 있을 수도 있습니다. 또 수현이처럼 따돌림이 문제라고 생각하지만 어떻게 해결할지 몰라 고민하는 친구도 있을 수 있습니다. 어쩌면 선생님은 이 문제를 이미 심각하게 고민하고 있을지도 모릅니다.

공동체가 함께 해결해야 할 문제가 있다면 먼저 문제를 알려서 함께 해결할 수 있는 사람이 있는지 살펴보아야 합니다.

수현이는 다음 날 담임 선생님께 윤영이의 왕따 문제를 말씀드리고 교실 게시판에 다음과 같은 광고를 붙였습니다.

친구들이 게시판에 몰려들어 광고 문구를 읽기 시작했습니다. 몇 명이나 따사모 회원이 될지는 모르겠지만, 수현이는 뭔가 잘 될 것 같다는 생각에 마음이 두근거렸습니다.

6 평화로운 찬성 방법들을 생각해 봐요

찬성한다는 건 의견을 말하고, 문제를 해결하기 위해 노력하는 것까지 포함합니다. 그런데 문제 해결을 위한 여러 가지 방법들을 생각하다 보면 자칫 잘못된 방법을 사용할 수도 있습니다. 그럴 때 우리는 찬성을 위한 방법들이 평화로운지 아닌지를 생각해 보아야 합니다.

예를 들어 환경 보호를 주장하기 위해 환경을 파괴하는 공장을 폭파하는 일을 벌인다면 어떨까요? 사람들은 환경 보호에 관심을 갖기보다는 공장을 폭파시킨 일에 대해 비난할 것입니다. 공장 폭발 때문에 다치는 사람들도 생기겠죠. 결국 이 방법은 문제를 해결할 수 없습니다.

만약 윤영이 왕따 문제를 해결하기 위해서 윤영이를 따돌렸던 아이들을 다시 따돌린다면 문제는 해결될 수 있을까요? 윤영이가 따돌림에서 벗어날지는 몰라도 왕따 문제는 여전히 남아 있을 것입니다. 게다가 누군가의 따돌림을 막기 위해 다른 사람을 따돌리는 것은 분명 잘못된 행동입니다.

문제를 널리 알리고 해결하기 위한 가장 효과적인 방법을 찾는 것은 중요합니다. 하지만 여러분이 평화롭지 않은 방법들을 사용하면 사람들은 여러분의 목소리에 귀를 기울이지 않을 거예요. 찬성은 누군가를 설득하는 방법이지 누군가에게 자신의 생각을 억지로 강요하는 방법이 아니니까요.

수현이가 제안한 따사모 친구들의 첫 모임이 시작되었습니다. 처음 모임에 다섯 명의 친구들이 모였습니다. 모두 문제에 대해 고민하고 해결하려는 마음이 가득했습니다. 수현이와 친구들은 왕따 문제를 해결하기 위한 방법들을 고민하였고, 다음과 같은 방법을 생각해 보았습니다.

1. 아침에 윤영이에게 반갑게 인사해 주기
2. 윤영이의 의견을 잘 들어 주기
3. 윤영이가 소외되지 않도록 챙겨 주기
4. 윤영이를 괴롭히는 행동을 멈추게 하기
5. 심각한 괴롭힘은 담임선생님에게 바로 알리기

✋ 나무 심기 운동을 시작한 소년

초등학생들이 나무 50만 그루를 심으려면 얼마나 오랜 시간이 걸릴까요?

"초등학생들이 많이 모여도 50만 그루의 나무를 심으려면 아마 몇 십

년은 걸릴 걸요?"

"50만 그루의 나무를 초등학생들이 심는다니. 그건 불가능해요."

이렇게 대답하는 친구들이 대부분일 것입니다. 그런데 이 어마어마한 일을 34개월 만에 해낸 초등학생들이 있습니다. 바로 독일의 초등학생인 펠릭스 핑크바이너와 그의 친구들입니다. 9살이었던 펠릭스는 북극곰을 좋아하는 평범한 소년이었습니다. 어느 날 펠릭스는 기후 위기 때문에 북극곰이 살 수 있는 곳이 점점 줄어든다는 것을 알게 되었습니다. 북극곰을 돕고 싶어 알아보던 펠릭스는 유엔환경계획에서 기후 위기와 환경 파괴를 막기 위해 100만 그루 나무 심기 캠페인을 벌이고 있다는 사실을 알게 되었습니다. 하지만 캠페인은 사람들의 관심을 끌지 못하고 있었습니다.

'우리가 나무 심기 운동을 하자!'

펠릭스는 누나와 함께 나무 심기 캠페인을 만들었습니다. 두 아이가 시작한 캠페인은 바로 '어린이가 함께 독일 학교에 나무를 심자!'였습니다.

펠릭스는 친구들이 캠페인에 참여할 수 있도록 여러 가지 방법을 생각했습니다. 티셔츠를 만들고 인터넷을 이용해 캠페인을 홍보했습니다. 펠릭스의 이런 노력 덕분에 주변의 친구들이 하나둘 나무 심기 캠페인에 참여하게 되었고, 그 속도는 점점 빨라져 순식간에 독일의 450개 초등학교로 번져 나갔습니다. 그리고 캠페인을 시작한 지 불과 34개월 만에 독일의 학교에 50만 그루 이상의 나무가 심어졌습니다.

펠릭스와 친구들이 이룬 기적 같은 사건을 보고 어른들도 드디어 나무 심기에 관심을 갖게 되었습니다. 유엔에 초대된 펠릭스는 유엔의 각국 대표들에게 나무 심기의 중요성을 당차게 외쳤습니다. 그리고 펠릭스는 유엔에서 1조 그루 나무 심기 캠페인을 제안했습니다. 펠릭스의 제안에 따라 전 세계에서 나무 심기 운동이 시작되었습니다. 그리고 10년이 지난 뒤 전 세계에는 150억 그루의 나무가 새로 심기는 기적이 일어났습니다.

'나무 심기 캠페인을 한다고 해서 세상이 얼마나 변하겠어.'라고 생각하는 어른들에게 펠릭스와 어린이들은 환경을 지키는 일을 외면하지 않고 관심을 가지면 기적을 만들 수 있다는 것을 보여 주었습니다.

학교에서 찬성하기

찬성하는 모임 만들기

학교에서 외면하는 문제들을 해결하고 싶을 때는 친구들과 함께 찬성하는 모임을 만들어 보세요.

1. 문제에 대해 함께 이야기하기

우리 반 왕따 문제부터 학교 주변 쓰레기 문제까지, 해결하고 싶은 문제에 관심을 가지고 친구들과 함께 이야기해 보세요. 그리고 문제 해결 방법도 생각해 보세요.

2. 준비 모임 만들기

모임을 만들기 전에 먼저 준비 모임을 만들어 보세요. 준비 모임은 모임의 이름, 기본적인 활동, 필요한 물품이나 비용 등에 대해 미리 생각하고 계획하는 모임이에요. 준비 모임을 잘 할수록 앞으로의 모임 활동의 어려움이 줄어들 거예요.

3. 모임 활동을 하며 모임 홍보하기

준비 모임을 마치면 이제 주변 친구들에게 모임을 홍보해야겠죠? 모임을 상징하는 마크, 모임을 상징하는 문구, 모임을 간단히 설명할 수 있는 설명문 등을 만들고 친구들에게 모임을 알려 보세요.

🖐 SNS에 홍보 글 올리기

"길고양이도 우리의 이웃입니다."

"길고양이 급식소를 함부로 치우지 말아 주세요!"

내가 지금 뭘 하고 있냐고? 핸드폰으로 SNS(쇼셜네트워크서비스)에 홍보 글을 올리고 있어. 나는 '길고양이를 지키는 사람들'이란 모임에 참여하고 있거든. 홍보 글에 귀여운 고양이가 밥을 먹고 있는 사진도 함께 올리면 사람들이 더 많이 보겠지?

최근에 길고양이를 싫어해서 괴롭히고 심지어는 죽이는 사람이 있다는 걸 알게 됐어. 그래서 길고양이 보호 활동을 하는 단체에 가입하게 되었지.

내가 하는 것처럼 SNS에 지지하는 내용을 알리거나, 해결하고 싶은 문제를 홍보하는 것도 찬성의 한 방법이야. 내가 인터넷 사이트나 SNS에 홍보 글과 사진을 올리면 내 생각에 찬성하는 사람들이 다시 내 글을 다른 SNS나 인터넷 사이트에 올려. 그럼 내가 쓴 글을 보는 사람들이 점점 늘어나지. 이렇게 되면 사람들이 길고양이 문제에 대해 좀 더 관심을 가지게 되고, 길고양이에 대한 편견도 조금씩 사라지게 될 거야.

홍보 글은 명확하고 간단하게 쓰는 게 좋아. SNS에는 매일 쉴 새 없이 정보가 올라와. 이렇게 많은 정보들 속에 내가 쓴 글이 눈에 띄긴 쉽지 않지. 그러니 설명은 간결하고 명확하게 하고, 사진이나 그림으로 사람들 눈에 띄게 하는 것도 좋은 방법이야.

이렇게 SNS를 이용해서 홍보하는 방법은 직접 사람들을 만나지 않고도 중요한 내용을 전달할 수 있다는 점에서 매우 효과적이야. 사람들을 한 명씩 만나는 것보다 속도도 훨씬 빠르고 말이야.

하지만 홍보 글을 올릴 때는 몇 가지 주의할 점이 있어. ==먼저 정확하지 않은 정보나 거짓 내용을 홍보해서는 안 돼. 잘못된 정보나 거짓 정보는 사람들에게 오해나 편견을 심어 줄 수도 있거든.== 마찬가지로 다른 사람의 글에 찬성을 해서 내가 다른 인터넷 사이트에 올리고 싶을 때에도 내용이 정말 올바른 정보인지 살펴볼 필요가 있어. 나도 모르게 잘못된 정보를 퍼뜨리는 데 도움을 줄 수 있으니까 말이야.

그리고 사진이나 그림을 이용할 때는 주의해야 해. 직접 찍은 사진이나 그린 그림이 아니면 그 사진이나 그림을 만든 사람에게 미리 허락을 구해야 한다는 것도 잊지 말고. 알았지?

후원과 모금 운동 참여하기

"어린이 인권 단체에 후원합니다."

나는 시민 단체를 후원하려고 후원서를 쓰고 있어. 후원이 뭐냐고? 직접 나서지 않고 도와주는 것을 말해. 물품이나 돈을 내서 도와주는 거야.

내가 후원하려는 단체는 어린이 인권 단체야. 어린이 인권 문제가 생겼을 때, 정부에서 올바른 어린이 인권 정책을 세울 수 있도록 목소리를 높이는 단체지.

그런데 이런 활동을 하기 위해서는 돈이 많이 들어. 그래서 후원하는 사람들이 돈을 모아 인권 단체가 제대로 활동할 수 있게 지원해 주는 거야. 나같이 후원에 참여하는 사람들은 어린이 인권에 관심은 많지만, 직접 활동하기 어려운 사람들이 대부분이야.

세상엔 인권 문제, 환경 문제 등 여러 가지 문제를 해결하기 위한 단체들이 있어. 이런 단체를 시민 단체라고 해. 네가 어떤 시민 단체들의 활동에 찬성한다면, 시민 단체의 활동을 지지하고 응원하기 위해 물건이나 돈을 후원하는 것도 찬성의 한 방법이야. 특히 학생들처럼 직접적인 활동을 하기 어려운 처지에 있다면 시민 단체를 후원하는 것은 좋은 방법이 될 거야.

그럼 후원금을 많이 내야 하냐고? 아니야. 금액이 크든 적든 함께한다는 마음을 갖는 것이 중요하니까. 적은 금액이라도 후원하면서 시민 단체의 활동에 지지와 관심을 보이는 게 중요해.

비슷한 방법으로 모금 운동에 참여할 수도 있어. 어려운 이웃 돕기 같은 모금 운동은 학교에서도 해 봤을 거야. 이런 모금 운동도 찬성의 한 방법이야. 모금 운동은 경제적인 지원이 필요한 사람이나 단체를 위해서 돈을 모으는 활동을 말해. 모금 운동은 여러 사람들에게 활동을 알릴 수도 있고 실제로 모은 돈을 문제 해결을 위해 쓸 수도 있어. ==모금 운동에 참여하면 모금한 금액이 제대로 쓰이는지, 모금한 목적이 정확한지를 잘 살펴야 하지. 그리고 만약 너희들이 모금 운동을 하고 싶다면 선생님이나 부모님들에게 먼저 도움을 요청하고 모금 활동을 시작하는 게 좋아.==

챌린지 활동에 참여하기

"의료진들 덕분입니다!"

나는 지금 SNS에 '덕분에 챌린지' 사진을 올리고 있는 중이야. '덕분에 챌린지'가 뭐냐고? 코로나19 확산을 막기 위해 애쓰는 의사, 간호사 등 감염병 예방 업무를 하는 분들을 응원하는 챌린지야. 하는 방법도 매우 간단해. 먼저 "존경합니다!"라는 뜻을 가진 수어 동작을 하고, 영상이나 사진으로 찍어. 그리고 마음을 전하는 글과 함께 SNS에 올리는 거야. 정말 간단하지? 이렇게 챌린지 활동에 참여하는 것도 찬성 방법 중에 하나야.

챌린지란 말은 우리말로 도전이란 뜻인데 보통 어떤 과제를 해결하기 위한 행동을 말해. SNS 챌린지는 어떤 일을 알리거나 문제를 해결하기 위해 사람들이 특별한 행동을 하거나 글을 연달아 남기는 걸 말하지.

보통 챌린지를 SNS에 올릴 때는 내가 아는 사람들을 몇 명 지목해. 그러면 나에게 지목당한 사람들이 다음 챌린지를 하게 되고, 그 사람들은 또 다른 사람을 지목하지. 이렇게 되면 빠른 시간 내에 많은 사람에게 알릴 수 있겠지? 그래서 인터넷과 SNS에서 할 수 있는 효과적인 찬성 방법으로 널리 사용되고 있어.

챌린지는 간단한 동작을 하는 것부터 좀 힘든 행동을 해야 하는 것까지 매우 다양해. 잠시 살펴봐도 SNS 상에는 다양한 방식의 챌린지 활동이 올라오고 있는 걸 발견할 수 있지. 그래서 문제 해결이 아니라 회사에서 물건을 홍보하기 위한 목적으로 사용하는 경우도 많아. 그러니까 아무 챌린지나 재미삼아 따라하는 건 좋지 않아. 챌린지 활동을 참여할 때는 챌린지 목적을 제대로 알고 있어야 한다는 걸 잊지 마. 챌린지 활동의 의미를 제대로 알고 있어야 다른 사람들을 지목할 때도 사람들에게 챌린지의 목적에 대해 정확한 설명을 할 수 있을 테니까 말이야.

그런데 챌린지를 해야 할 사람으로 지목당했다고 무조건 해야 하는 건 아니야. 도전할지 말지 선택하는 건 너의 자유이기 때문이지. 마찬가지로 네가 챌린지를 성공하고 친구들을 지목했는데, 친구들이 챌린지를 안 한다고 해서 실망하거나 화를 낼 필요는 없어. 그리고 다른 사람을 지목할 때는 미리 지목할 사람들에게 양해를 구하는 것이 필요해. 미리 설명하지도 않고 그냥 SNS에 지목할 사람의 이름을 올리면 친구들이 당황하겠지? 챌린지를 할 수 없는 상황에 있거나 아니면 챌린지의 목적에 찬성하지 않을 수도 있어. 그러니까 챌린지를 수락하고 다른 사람을 지목하기 전에 신중하게 생각해 보고 참여하는 태도가 필요해.

치마를 입은 열다섯 명의 남학생

    2014년 9월 2일 브라질의 리우데자네이루에 있는 한 고등학교에서 열다섯 명의 남학생이 모여 사진을 찍었습니다. 환하게 웃고 있는 사진 속 남학생들은 보통 남학생과 조금 달랐습니다. 열다섯 명의 남학생 모두 치마를 입고 있었기 때문입니다.

    이들은 왜 치마를 입고 사진을 찍었을까요? 열다섯 명의 남학생은 마리아 무니즈라는 친구를 위해 기꺼이 치마를 입고 사진을 찍었습니다.

    마리아 무니즈는 남자로 태어났지만, 어렸을 때부터 자신을 여자라고 생각해 왔습니다. 자신의 생각과 달리 남자로 살아야 했던 마리아는 고

등학교를 다니던 중 큰 결심을 하게 됩니다.

"이제부터 난 남성이 아닌 여성으로 살 거야!"

그때부터 마리아는 바지가 아닌 치마를 입고 등교했습니다. 하지만 학교에서는 마리아가 치마 입는 것을 반대했습니다. 낙심한 마리아를 본 친구들은 외면하지 않았습니다.

"마리아의 선택을 우리가 지지해 주어야 해."

마리아의 친구들은 마리아와 함께 교복 치마를 입고 등교했습니다. 그리고 치마 입은 사진을 SNS에 올렸고, 마리아와 친구들의 이야기는 브라질을 넘어 전 세계에서 화제가 되었습니다.

마리아와 친구들의 이야기를 알게 된 세계 여러 나라 사람들은 마리아와 친구들을 지지하고 응원하였습니다. 결국 학교에서도 마리아가 치마를 입고 학교에 올 수 있도록 학교 규칙을 바꾸게 되었습니다.

마리아는 치마를 입고 학교에 온 친구들을 보며 이렇게 말했습니다.

"친구들이 나를 지지하며 보여 준 행동에 정말 행복해졌어요! 친구들의 행동이 옳은 일을 하려는 다른 사람에게도 용기가 되었으면 해요."

마리아를 지지하며 친구들이 보여 준 행동은 전 세계 사람들에게 다름을 존중해야 한다는 중요한 가치를 느끼게 해 주었습니다.

학교에서 할 수 있는 캠페인 시작하기

만약 학교에서 고운말을 쓰기를 위한 캠페인을 하고 싶다거나, 나무 심기 캠페인을 하고 싶다면 어떻게 하는 게 좋을까요? 학교에서 하고 싶은 캠페인이 있다면 다음을 잘 생각해서 준비해 보세요.

1. 설문 조사를 하고, 결과를 발표해 보세요.
캠페인과 관련해서 미리 설문 조사를 하면 캠페인에 대한 관심을 더 높일 수 있어요. 나무를 심어 본 적이 있는 친구들은 몇 명이나 있는지, 또는 환경 오염에 대해 얼마나 잘 알고 있는지 등에 대해 설문을 하고, 그 결과를 다시 알려 주면 캠페인에 관심을 가지는 친구들도 늘어날 거예요.

2. 다양한 방식의 캠페인 활동을 해 보세요.
캠페인 활동은 학교 복도나 운동장에서 피켓을 드는 것부터 학교 벽에 포스터를 붙이는 방법, 친구들의 SNS에 홍보하는 방법 등 다양해요. 단, 학교 안에서 캠페인을 할 때는 사전에 선생님에게 허락을 받는 게 중요해요.

3. 모금 운동을 해 보세요.
만약 여러분이 나무 심기 캠페인을 한다면 나무를 사기 위해 돈이 필요할 수도 있고, 이를 위해 모금 운동을 할 수도 있어요. 하지만 모금 운동을 할 때에는 반드시 어른들의 허락을 받아야 하고, 모금된 금액과 사용한 금액에 대해 정확히 공개해야 해요.

4. 편지 쓰기를 해 보세요.
만약 학교 주변에 쓰레기가 너무 많거나, 교통사고가 많이 발생하는 것처럼 학교 안에서 해결하기 어려운 문제가 있다면 문제 해결을 위해 편지를 쓰는 것도 좋은 방법이에요. 친구들과 구청이나 시청 등의 공공기관에 문제 해결을 위한 편지를 써 보세요.

서명 운동으로 찬성하기

"일회용품 줄이기 서명 운동에 동참해 주세요!"

"지구를 위해 일회용 컵 대신 텀블러를 씁시다!"

나는 지금 일회용품을 줄이자는 서명 운동을 하고 있어. 일회용품 사용을 줄이는 실천에 찬성하는 사람이라면 누구라도 서명 운동에 참여할 수 있어. 서명 운동은 찬성의 방법 중 하나로 자주 사용하는 방법이야.

　서명 운동은 개인이나 단체가 사회 문제나 정책에 반대하거나 찬성할 때, 동의하는 사람들의 이름을 모아서 관련 단체나 정부에 전달하는 운동이야. 서명 운동 중에 찬성을 위한 서명 운동은 일회용품 줄이기 실천 서명 운동처럼 운동을 알리기 위해서도 사용돼.

　학교에서도 금연 다짐 서명이나 고운 말 쓰기 서명을 하는 걸 봤을 거야. 그런데 학교에서 이런 서명 운동에 참여할 때 별 생각 없이 참여하는 친구들이 종종 있어. 남들이 다 하니까, 학교에서 하는 행사니까 참여하는 거라고 단순하게 생각하는 거지. 하지만 찬성을 위한 서명 운동은 내가 제대로 실천하겠다는 다짐을 하는 것과 같아. 그러니까 참여를 할 때는 내가 제대로 지킬 수 있는지 잘 살펴보고, 서명을 한 후에는 제대로 지키도록 노력해야 해.

　문제의 해결을 요청하거나 새로운 시설이나 제도를 만드는 것을 요구하기 위해서도 서명할 수 있어. '어린이 도서관 건립 요청 서명', '장애인을 위한 편의 시설 마련을 위한 서명', '학교 주변 안전한 통학로를 만들기 위한 서명' 등이 이런 것에 해당해.

　이런 서명에 참여할 때도 좀 더 신중하게 살펴볼 필요가 있어. '요구하는 시설이나 제도가 정말 필요한 것일까?', '혹시 이러한 시설이나 제도가 다른 사람에게 피해를 주는 것은 아닐까?' 잘 판단하고 서명에 참여해야 해. 사회 정의에 맞고 인권을 위한 일인지, 자연을 파괴하는 일은 아닌지도 잘 살펴봐야 하지.

　서명만 하고 관심을 갖지 않으면 안 된다는 건 잘 알고 있지? 내가 서명한 일이 실제로 이루어지는지 지속적으로 관심을 가져야 서명 운동이 제대로 된 효과를 낼 수 있어.

영상으로 찬성하기

"3월 2일 꼭 투표에 참여하세요!"

"한 번의 투표가 우리나라의 미래를 바꿉니다!"

　나는 대통령 선거일에 많은 사람들이 투표를 할 수 있도록 홍보 영상을 만들고 있는 중이야. 국민의 대표를 뽑는 선거에 사람들이 많이 참여하면 할수록 좋겠지? 그래서 투표 참여율을 높이기 위한 영상을 만드는 거야. 이 영상을 유튜브에 올리면 영상을 본 사람들이 투표의 중요성을 잘 알 수 있겠지. 이렇게 무언가에 참여하도록 홍보하거나 함께해야 하는 일을 영상으로 만들어 알리는 것도 찬성의 한 가지 방법이야.

인터넷에서 검색해 보면 쉽게 찾을 수 있어. 환경 보호 캠페인 영상, 장애인 차별 문제 해결을 요청하는 영상, 버려진 강아지의 가족을 구한다는 영상 등등 사람들은 다양한 내용을 영상으로 만들어 사람들에게 알리고 있지.

인터넷에 영상을 올리면 전 세계의 사람들이 동시에 내가 만든 영상을 볼 수 있어. 내가 알리고 싶은 내용을 빠른 시간 안에 널리 알릴 수 있지. 하지만 그럴수록 조심해야 해. 영상을 만들 때, 사람들의 관심을 좀 더 받기 위해 없는 사실을 거짓으로 꾸미거나 사실을 과장해서 알리면 안 돼. 그 영상을 본 사람들은 잘못된 영상을 사실로 믿어버릴 수 있기 때문이야.

또 영상에 나오는 사람들은 영상을 찍기 전에 이 영상이 인터넷에 올라간다는 것을 미리 알고 있어야 해. 좋은 일을 위해 만든 영상이라도 영상에 나오는 사람의 허락을 구하지 않으면 그 사람들에게 피해를 줄 수 있거든.

마지막으로 영상을 제작할 때 사용하는 음악이나 그림 등은 직접 만들거나 저작권 허락을 받아야 한다는 것도 잊지 마.

법안 만들기로 찬성하기

"모든 사람이 차별받지 않도록 법을 만듭시다!"

나는 차별 금지법을 만들기 위해 동의서를 쓰고 있어. 모든 사람이 서로 다르다는 이유로 차별받지 않아야 하는데, 우리나라에는 아직 차별 금지법이 없어. 그래서 사람들과 함께 차별 금지법을 만들어 달라고 요구하고 있지.

법은 국회의원이 만드는 거 아니냐고? 맞아. 우리나라의 모든 법은 국민이 뽑은 국회의원들이 만들 수 있어. 그런데 만약에 국민들에게 꼭 필요한 법인데도 국회의원들이 법을 만들지 않았다면 어떨까? 법을 만들 때까지 기다릴 수도 있지만 국민들이 직접 나설 수도 있어. 국민동의청원이라는 방법을 사용하면 되지.

보통 법이 만들어지기 위해서는 국회의원이 만들고 싶은 법을 제안해야 하는데, 이것을 법안이라고 해. 이 법안이 제대로 된 내용인지 국회의원들이 살펴보고, 과반수의 국회의원이 법안에 찬성을 하면 법이 만들어지는 거야.

그런데 국민동의청원을 통하면 국민들도 법안을 만들 수 있어. 국민이면 누구나 국회에 새로운 법이 필요하다는 청원서를 낼 수 있는데, 이 청원서에 한 달 동안 10만 명 이상의 국민들이 동의서를 쓰면 국회에서는 이 법안을 살펴보고, 다른 법안과 마찬가지로 국회의원이 투표를 해. 그리고 과반수의 국회의원이 찬성하면 국민들이 만든 법안도 실제 법이 될 수 있는 거지.

10만 명의 동의서가 필요하기 때문에 어려운 방법이긴 하지만 10만 명의 동의를 얻은 청원은 국회에서 반드시 처리하도록 법으로 정해져 있어. 10만 명의 국민들의 목소리를 담았기 때문에 그만큼 중요하다고 생각하는 거야.

국민동의청원은 법적으로 보장받는 권리의 하나이기 때문에 서명 운동보다는 좀 더 적극적인 참여 방법이야. 그래서 법안을 만드는 것과 동의서를 쓰는 데 더 큰 책임이 필요해. 아직 초등학생인 너희들이 하기는 어려운 방법이지만, 10만 명의 국민들의 목소리를 모으는 찬성 방법도 있다는 걸 알아 두었으면 좋겠어.

✊ 우리는 혼자가 아니야 블랙 닷 캠페인

　손바닥에 그린 작은 점이 사람을 살릴 수 있다는 사실을 알고 있나요? 바로 블랙 닷 캠페인에 대한 이야기입니다. 블랙 닷 캠페인은 2015년 영국에서 처음 시작하여 전 세계로 퍼져나간 캠페인입니다.

　우리나라에서 가정 폭력은 얼마나 일어날까요? 2018년 한 해 동안 우리나라에서 신고된 가정 폭력은 24만 건이 넘는다고 합니다. 전 세계에서 일어나는 가정 폭력을 모두 합한다면 그 숫자는 엄청날 것입니다. 이렇게 가정 폭력 문제는 아주 심각하지만 쉽게 해결되기 어려운 범죄이기도 합니다. 왜 그럴까요?

가정 폭력은 가족들 사이에서 일어난 폭력이기 때문에 가족들끼리 쉬쉬하며 감추기도 하고, 혹시 보복당할까 봐 두려워 신고를 하기 어려운 사람들도 많습니다. 게다가 가정 폭력은 집 안에서 일어나는 경우가 많아서 다른 사람들이 쉽게 눈치채기도 어렵습니다.

'가정 폭력 문제를 어떻게 하면 해결할 수 있을까?'

'어떻게 하면 가정 폭력의 피해자들이 자신의 피해 사실을 쉽게 알릴 수 있을까?'

이렇게 고민한 사람들이 블랙 닷 캠페인을 시작하게 되었습니다.

블랙 닷 캠페인은 매우 간단합니다. 가정 폭력의 피해를 입은 사람이 손바닥에 검은 점을 하나를 찍어서 다른 사람들에게 보여 주기만 하면 됩니다.

이렇게 손바닥에 그려진 검은 점을 보게 된 사람은 "이 사람이 가정 폭력의 피해자구나!"라고 쉽게 알 수 있습니다. 그래서 검은 점을 발견한 사람이 피해자 대신 경찰에 신고를 해서 도움을 받을 수 있게 되는 것이지요.

간단히 손바닥에 점을 그려 보여 주는 것으로 무슨 큰 도움이 되겠어? 라고 생각할 수도 있어요. 하지만 그 효과는 엄청났습니다. 영국에서는 블랙 닷 캠페인을 시작한지 4개월 만에 49명의 피해자가 손에 검은 점을 찍어 도움을 호소했고, 곧바로 도움을 받을 수 있게 되었습니다.

캠페인이 효과를 보자, 블랙 닷 캠페인은 영국을 넘어 전 세계로 빠르

게 확산되었습니다. 우리나라에서도 블랙 닷 캠페인은 SNS를 통해 빠르게 확산되고 있습니다.

블랙 닷 캠페인은 처음에는 가정 폭력의 피해를 알리는 것에서 출발했

지만, 더 나아가 수용 시설, 노인 요양 시설 등 폭력을 당하기 쉽지만 피해를 잘 말할 수 없는 곳에 있는 사람들을 도울 수 있는 방법으로 이용되고 있습니다.

오랫동안 폭력을 당한 사람들은 자신을 하찮게 생각하고, 자신을 도와줄 사람은 아무도 없다고 생각하게 됩니다. 이런 처지에 있는 사람들에게 블랙 닷 캠페인은 도움을 요청할 수 있는 손쉬운 방법이 있다는 것을 알려 준다는 점에서 폭력의 피해자들에게 큰 위로가 되었습니다.

　블랙 닷 캠페인은 문제를 해결해 나가려는 노력이 모이면 가정 폭력 같이 감추어진 범죄도 해결할 수 있다는 것을 보여 주었습니다.

학교에서 찬성하기

찬성 계획서 만들기

학교에서 여러분이 할 수 있는 캠페인을 직접 계획해 보세요. 함께할 친구들과 도움을 줄 어른들도 생각해 보고 캠페인을 상징할 수 있는 마크도 그려 봅시다.

우리 학교에서 하고 싶은 캠페인	
캠페인을 해야 하는 이유	
캠페인 상징 마크 만들기	
내가 생각한 캠페인 활동	☐ 설문하기 ☐ 캠페인 문구가 적힌 팻말을 들기 ☐ SNS에 글이나 영상 올리기 ☐ 캠페인 홍보 포스터 만들기 ☐ 모금운동 하기 ☐ 편지 쓰기 ☐ 그 외 ( )

	친구들	어른들
나를 도와 줄 사람들		

글쓴이 이기규

초등학교에서 어린이들을 가르치는 선생님이자, 어린이 교양서부터 동화까지 다양한 글을 쓰는 작가입니다. 그동안 쓴 책으로 《시험지 괴물》《착한 모자는 없다》《아빠와 나 그리고 아빠?》《내가 하고 싶은 일, 교사》《고슴도치 대작전》《어느 날 우리 집에 우주 고양이가 도착했다》《용 튀김》《고래 엄마에게 소화제가 필요해》《장자 아저씨네 미용실》《내 동생은 고양이가 아니야》《모두가 옳다고 하면 옳은 걸까? 나는 반대!》 등이 있습니다. 이 순간에도 어린이들이 읽으면 통쾌하고, 어른들이 읽으면 심장이 뜨끔한 책이 최고의 어린이책이란 믿음으로 열심히 글을 쓰고 있습니다.

그린이 방상호

홍익대학교에서 시각디자인을 전공했습니다. 오랫동안 책을 기획하고 그림을 그리고 디자인을 했습니다. 상상하고 그리고 만들고 디자인하고 책 읽고 글 쓰고 운동하면서 어제와는 또 다른 하루를 만들어 가고자 애쓰고 있습니다. 《탄소 중립이 뭐예요?》《메타버스 쫌 아는 10대》《나다움 쫌 아는 10대》《환경과 생태 쫌 아는 10대》《사라진 민주주의를 찾아라》《단박에 한국사》《시골에서 로큰롤》《대중음악 히치하이킹 하기》《싸우는 인문학》 등 여러 책에 그림을 그렸습니다. 단행본 외에도 다양한 매체에 그림을 그리고 있습니다.

1판 1쇄 인쇄 2022년 9월 14일
1판 2쇄 발행 2024년 8월 30일

글쓴이 이기규 | **그린이** 방상호
펴낸곳 ㈜중앙출판사
펴낸이 이상호 | **책임편집** 한라경 | **디자인** 방상호

주소 경기도 고양시 일산동구 고봉로 32-9 625호
등록 제406-2012-000034호(2011.7.12)
전화 031-816-5887 | **팩스** 031-624-4085
홈페이지 www.bookscent.co.kr | **이메일** master@bookscent.co.kr
인스타그램 @bookscent_

ISBN 979-11-86771-82-2 74300
　　　979-11-86771-74-7(세트)

ⓒ 이기규, 방상호 2022

※ 본 책은 저작권법에 의해 보호를 받는 저작물이므로 무단 전재와 복제를 금합니다.
※ KC마크는 이 제품이 공통안전기준에 적합하였음을 의미합니다.
※ 이 도서는 한국출판문화산업진흥원의 '2022년 중소출판사 출판콘텐츠 창작 지원 사업'의 일환으로 국민체육진흥기금을 지원받아 제작되었습니다.

KC	**모델명** 모두가 반대하고 외면해도 나는 찬성! **제조년월** 2022.09.19. **제조자명** ㈜중앙출판사 **제조국명** 대한민국
	주소 경기도 고양시 일산동구 고봉로 32-9 625호 **전화번호** 031-816-5887 **사용연령** 4세 이상

책내음 은 ㈜중앙출판사의 유아·아동 브랜드입니다.